AF264031

LES

TROIS CATHELINEAU

ANGERS

GERMAIN ET G. GRASSIN, IMPRIMEURS-LIBRAIRES

40, rue du Cornet et rue Saint-Laud

1893

LES

TROIS CATHELINEAU

ANGERS

GERMAIN ET G. GRASSIN, IMPRIMEURS-LIBRAIRES

40, rue du Cornet et rue Saint-Laud

—

1893

LES TROIS CATHELINEAU

Jacques Cathelineau, né le 5 janvier 1759 au Pin-en-Mauges, et surnommé plus tard le *Saint d'Anjou*, à cause de ses admirables vertus, ne s'était guère trompé sur les innovations de 1789. Comme tout le peuple de la Vendée, il eût accepté volontiers de justes réformes, mais, comme lui aussi, il s'opposa de toutes ses forces à la Révolution qui persécutait la religion, chassait et incarcérait les prêtres et fermait les portes des églises. Commerçant de fil et de laine, il fréquentait les foires et les marchés de la contrée, s'abouchant dans les rues et dans les cabarets avec de nombreux paysans, auxquels il essayait de faire partager son aversion contre la Révolution, et, comme tout le monde l'aimait avec grande confiance dans ses lumières auxquelles on se plaisait à recourir, sa parole vive et son exaltation produisaient le plus grand effet sur l'esprit de tous ceux qui l'écoutaient. Les paysans, comme lui, étaient profondément convaincus que les agissements de la Révolution contre le clergé et la religion ne tarderaient pas à amener quelque catastrophe. C'est pourquoi lorsque parut le décret du 24 février 1793, ordonnant une levée de 300.000 hommes pour les appeler à la frontière, Cathelineau, secondé de son cousin Blon, se mit à parcourir tout le pays pour s'assurer de l'état des esprits. Les ayant trouvés au paroxysme de l'effervescence, surtout à partir du 10 mars, où le décret de février avait été publié dans les Mauges, il rentra chez lui bien convaincu que le mardi 12, jour où les conscrits étaient appelés à Saint-Florent, ne se passerait pas sans quelques événements graves. Aussi, quand le 13 au matin, Jean Blon, qu'il avait envoyé à Saint-Florent pour tâcher de calmer les têtes des jeunes gens, vint lui apprendre qu'ils avaient refusé d'obéir à la loi du recrutement, qu'ils s'étaient rués sur les républicains et qu'ils les avaient chassés du district : « Nous sommes perdus, lui dit-il, si « l'on en reste là ; notre pays va être écrasé par la Révolu- « tion ; il n'y a point de vengeance qu'elle ne tire pour ce « qui s'est passé ! Il faut nous soulever tout à fait en com- « mençant la guerre dès aujourd'hui. »

Sa femme, en l'entendant parler de la sorte, essaie de le calmer et le prie de finir de boulanger le pain de sa famille. Cathelineau reprend son travail ; mais ne pouvant dominer son émotion, il le quitte presque aussitôt, prend ses vêtements, va sur la place publique et harangue un certain nombre d'hommes que la récente nouvelle y a déjà groupés. « Sa parole, dit M. Cantiteau, curé du Pin et contemporain de ces événements, est comme un feu qui électrise tous les auditeurs. » Sa femme accourt et se jette à son cou : « Vois, lui dit-elle, tes pauvres enfants, que « vont-ils devenir sans toi? » — « Aie confiance, lui dit-il, « Dieu, pour qui je veux combattre, en aura soin. »

Vingt-huit jeunes gens répondent à son appel : « Vous « êtes sans armes, leur dit Cathelineau, mais ne vous « effrayez pas, avant que le soleil se couche, la victoire « nous aura tous armés, ayez confiance. » Cela dit, il fait ouvrir les portes de l'église, qui avaient été fermées par les autorités républicaines, enlève le drapeau tricolore placé au-dessus de la principale porte et dit aux vieillards et aux femmes : « Vous qui ne pouvez combattre, allez prier pour « le succès de nos armes (1). » Le temple retentit un instant d'hymnes et de cantiques.

Puis Cathelineau part avec sa petite troupe, se joint à

____

(1) Notes de Blon.

celle de Perdriault, de la Poitevinière, et tous deux ensemble s'emparent dans cette même journée du 13 mars, de Jallais et de Chemillé. Le lendemain 14, Cathelineau et Stofflet sont à Cholet, le 17 à Vihiers, et le 22, avec le concours de d'Elbée et de Bonchamps, ils prennent la petite ville de Chalonnes. Puis tous regagnent leurs foyers pour y passer la quinzaine de Pâques.

Le 9 avril, tout le pays était de nouveau sous les armes. D'Elbée et Cathelineau livrent glorieusement, le 11, le grand choc de Chemillé. Le 17, en se rendant de Tiffauges à Cholet, Cathelineau ranime ses soldats un instant découragés : « Mes amis, leur dit-il, si vous êtes résolus à « vaincre ou à mourir, avant deux jours les patriotes « seront écrasés. Rappelez-vous que dans votre brillante « affaire de Chemillé, vos bâtons, vos piques et vos faux à « l'envers ont fait plus de mal à l'ennemi que vos fusils « et vos canons. Faites encore de même. » Le 19, ils triomphent, aux *Pagannes*, de l'armée de Leygonnier pour s'emparer, le lendemain, du château du *Boisgrolleau*. Deux jours après, tous les chefs réunis : d'Elbée, Cathelineau, Stofflet, de Bonchamps et Henri de la Rochejaquelin, font reculer à Beaupréau les soldats de Gauvilliers jusqu'au delà de la Loire. Puis les paysans, justement fiers de leurs succès, regagnent leurs champs pour les cultiver et les ensemencer.

Le 28 avril, à l'appel de leurs chefs, ils se trouvaient une seconde fois réunis dans la ville de Cholet. Cathelineau et les autres chefs entrèrent le 1er mai à Argenton, le 2 à Bressuire et le 5 à Thouars. La prise de cette dernière ville fut particulièrement glorieuse pour les armes royales. Après s'être successivement emparés de Parthenay et de la Châteigneraie, les paysans échouent devant Fontenay, le 16 mai. Mais ils ne sont pas pour cela découragés (1); Cathelineau l'était

____

(1) Notes de Mme de la Bouère.

moins que personne : « Ce n'est rien que notre malheur,
« dit-il à M. Cantiteau, il sera bientôt réparé ; tout ce que
« nous avons perdu ne sera que prêté, je vous réponds
« que dans quinze jours nous serons maîtres de Fontenay
« et que nous reprendrons tout avec usure. J'ai vu,
« ajouta-t-il, la cause de notre défaite. Mon plan est formé
« pour une nouvelle attaque, on le suivra et nous serons
« vainqueurs (1). » Il mande à ses soldats de se réunir
le 21 à Cholet, et le 22 il part avec d'Elbée et Stofflet pour
Fontenay, pendant que de Lescure et de la Rochejaquelin
s'y rendent de Châtillon avec les Poitevins. Chemin faisant
Cathelineau ne cesse de faire réciter le chapelet et chanter
des litanies et des cantiques à ses soldats ; il porte lui-même
à leur tête la belle croix à plaques d'argent qu'il avait
portée autrefois aux pèlerinages de Saint-Laurent-de-la-
Plaine et de Bellefontaine. Il était midi quand ils arrivèrent
à la plaine de Pissotte. En y entrant, Cathelineau et ses
soldats entonnent le *Vexilla Regis*. Le combat allait bientôt
commencer. Chaque général harangue ses hommes : « Mes
« enfants, dit Cathelineau aux siens, si l'ennemi a triomphé
« il y a huit jours, c'est que vous avez manqué de courage
« et de foi. Mais *Marie-Jeanne* et notre belle artillerie sont
« encore à Fontenay ; si vous faites votre devoir, avant
« trois heures nous aurons tout repris, et les bleus seront
« écrasés. Il faut emporter leurs batteries et enfoncer leurs
« rangs à coups de baïonnettes, car nous n'avons pas de
« cartouches. Si dans la charge vous vous rappelez que
« vous êtes les soldats de Jésus-Christ, vous fondrez
« comme des lions sur les barbares ennemis de son nom et
« de vos familles. Braves camarades, recommandez votre
« âme à Dieu (2). » Et sa croix à la main, Cathelineau
marche à la tête de ses soldats, qui ne tardent pas à entrer

---

(1) M. Cantiteau, p. 28.
(2) Vie de Cathelineau, p. 55.

triomphalement dans Fontenay, d'où ils ramènent, ivres de joie, *Marie-Jeanne* dans le Bocage.

Le 1ᵉʳ juin, les soldats vendéens étaient encore rassemblés à Cholet. Dans la journée du 8, ils étaient maîtres de Doué, de Montreuil Bellay et, le lendemain, ils marchaient sur Saumur, dont ils s'emparèrent grâce au coup d'œil de Cathelineau qui, pendant le combat, fit changer les premières dispositions de l'armée.

Après la victoire brillante que les chefs vendéens viennent de remporter, ils se rendent, eux et leurs soldats, dans les églises pour y chanter le *Te Deum*. Voulant aussi témoigner leur reconnaissance à Cathelineau, Lescure, raconte M. de la Rochejaquelin, assembla les officiers et leur dit : « Messieurs, notre insurrection prend trop de « consistance, nous venons de faire une trop belle conquête « pour ne pas nommer un général en chef de la grande « armée ; comme les généraux les plus âgés ne sont pas « ici, on ne peut faire qu'une nomination provisoire... Je « donne ma voix à Cathelineau. Tout le monde, ajoute « M. de la Rochejaquelin, applaudit à son choix, excepté « celui qui en était l'objet, car jamais homme n'a été si « modeste et, par son excessive modestie, il se trouva « plutôt obéir aux autres que commander (1). »

« Il faut convenir que l'on ne pouvait choisir un chef « d'une bravoure plus brillante, d'un sens plus droit. « Cathelineau n'était sans doute qu'un homme obscur, « mais il n'avait du voiturier que l'habit. Il avait commencé « la guerre et l'avait soutenue avec autant de courage que « de prudence. Devenu l'idole des paysans, il avait tout « pouvoir sur leur esprit : tout leur paraissait possible, « dès que Cathelineau marchait à leur tête ; les plus « affreux dangers ne pouvaient les faire reculer d'un pas. « — Dans le Conseil il avait, plus d'une fois, surpris ses

______

(1) *Mémoires*, édit. originale, pp. 179-80.

« collègues par la profondeur de ses vues et la sagesse de
« ses observations. — Dans une bataille il avait le coup
« d'œil militaire, et découvrait d'abord d'où dépendait le
« succès. Prompt à prendre un parti, il l'exécutait avec une
« audace qui tenait du prodige et qui, jusqu'alors, lui
« avait toujours réussi. On peut dire que tant qu'il fut à la
« tête de l'armée vendéenne, il la maintint à l'apogée de
« sa grandeur (1). »

Ce sentiment d'un des premiers historiens de la Vendée,
était partagé par Mme de la Bouère, qui dit qu'on ne
pouvait mieux choisir; par l'abbé Jaunet, ancien secrétaire
de l'armée royale; par d'Elbée qui, sur ce point, pensait
comme M. Cantiteau, curé du Pin : « Je sais, par des
« rapports de bonne source, écrit ce dernier dans ses
« *Mémoires*, que jamais Cathelineau ne s'est trompé dans
« ses plans. Toutes les fois qu'on les a suivis, le succès a
« été plein et entier, et toutes les fois qu'on s'en est
« écarté, on a eu lieu de le regretter (2). »

Sitôt après la nomination de Cathelineau comme généralissime, on lui délivra un brevet que signèrent tous les
chefs, puis Quétineau et les officiers républicains faits pri-
sonniers s'empressèrent de lui rendre visite pour le féli-
citer : « Général, lui dit Quétineau, vos soldats se battent
« comme des lions, vous êtes tous des héros ! Mais vous
« seuls contre la République, vous ne vaincrez pas tou-
« jours, et alors? — Et alors, reprit Cathelineau, nous
« mourrons (3). »

Il revint au Pin pour n'y passer que quelques jours ; car
le 19 juin au soir il était à la tête de son armée, qui
entrait, sans coup férir, à Angers. Le 29, aidé de Charette,
il attaquait Nantes. Il avait fait décider, en Conseil, de
laisser libre la route de Vannes pour favoriser la sortie des

---

(1) Bourniseaux, t. II. p. 4.
(2) M. Cantiteau, p. 27.
(3) Notes de Blon.

fuyards ; mais, par un oubli impardonnable, le prince de Talmond refoule, avec sa cavalerie, tous ceux qui sortent de ce côté ; emporté par une ardeur qui lui ôte toute réflexion, il braque deux canons sur cette route et rend la fuite des Nantais impossible. Les paysans touchaient à la victoire ; mais les soldats de Beysser ne trouvant plus d'issue : « Camarades, s'écrie leur général, puisqu'il faut « mourir, mourons glorieusement les armes à la main. « Mourons, répètent-ils, et ils se précipitent sur les Ven- « déens. » Cathelineau s'entoure de ses plus courageux sol- dats et, suivi de Stofflet, de Fleuriot, de Beaurepaire, de Martin et de Scépeaux, il met pied à terre et veut en finir avec cette résistance opiniâtre. Il fait le signe de la croix ; ses parents, ses amis et ses volontaires du Pin et de la Poi- tevinière l'imitent : « Vive la religion ! et en avant, mes « enfants, leur crie-t-il. » Il poursuit les républicains de rue en rue, enlève la batterie de la porte de Rennes, débouche sur la place *Viarmes* aux cris de : Vive le Roi ! s'empare de deux canons et se dispose à marcher vers la place de *Bretagne*. Pierre Humeau, de la Poitevinière, en voyant Cathelineau combattre comme un simple soldat, lui crie : « Mon général, tu t'exposes trop, tu vas attraper « du mal. » Presque aussitôt Cathelineau est reconnu dans la mêlée par un cordonnier qui le vise d'une fenêtre, la balle l'atteint, lui fracasse le coude et se perd dans la poitrine. Le généralissime tombe, on accourt le relever et on l'emporte hors du champ de bataille. Le bruit de sa mort arrache à tous des cris et des gémissements, les armes s'échappent des mains de ses soldats qui, déses- pérant du succès, rétrogradent et s'enfuient. Cathelineau, transporté jusqu'à Saint-Florent, y mourut des suites de sa blessure, le 14 juillet 1793 (1).

Quatre mois ont suffi à cet homme providentiel pour le

---

(1) *Mémoires* de M. Cantiteau.

couronner d'une gloire immortelle. Il était tout à la fois aux yeux des siens « un soldat intrépide, un grand « capitaine et un saint homme »; Bonchamps disait de lui : « qu'il était noble par ses exploits, riche de ses belles « actions et le premier qui, en se montrant au milieu de « l'agitation et du danger, déterminait les esprits et leur « marche, en se proclamant le chef de quiconque voudrait « le suivre (1). » — « Ce bon paysan, disait le général « d'Autichamp, qui l'avait doué de toutes les qualités d'un « général?... On ne saurait le nier : Dieu inspira Cathe- « lineau (2). »

Enfin, Napoléon Ier a écrit à sa louange, dans ses *Mémoires*, qu'il « avait reçu de la nature les premières « qualités d'un homme de guerre, l'inspiration de ne « jamais laisser se reposer ni les vainqueurs ni les « vaincus. »

Le généralissime Cathelineau laissa donc en héritage à son fils Jacques de grands et saints exemples. Ce dernier sut en profiter et devint « un homme remarquable (3) ». Si son glorieux père mérita d'être appelé le *saint de l'Anjou*, lui, de son côté, sut acquérir, pour ses vertus, aux yeux même de la Cour royale, le titre de *saint de la Garde* et s'inspirer, à son tour, du plus noble sentiment qui puisse animer le cœur de l'homme, l'amour de Dieu et de la patrie.

Déjà, en plusieurs affaires, notamment en 1832, il avait donné des preuves de son dévouement, lorsque, le 27 mai de cette même année, il fut surpris par le lieutenant Régnier au château de la *Chaperonnière*, où il s'était refugié avec MM. de Civrac et Moricet, tous deux comme lui chefs du soulèvement. Du fond de sa cachette, Cathelineau entend les menaces qui sont faites au métayer Guinhut que l'on avait attaché à l'appui d'une poutre du grenier. On amasse

---

(1) Disc. de M. de Sapinaud, le 9 août 1827.
(2) Disc. de d'Autichamp, le 9 août 1827.
(3) Déposition de M. Perrin, à Orléans.

de la paille sous ses pieds et on lui dit qu'on va le faire brû-
ler s'il ne veut pas découvir la cachette. Le brave Guinhut
se tait : on le frappe à coups de crosse de fusil ; il se tait
encore ; alors on pousse la cruauté jusqu'à lui enfoncer
le canon d'un fusil dans la bouche et à lui faire cracher
le sang. Guinhut reste muet. Un horrible concert de
blasphèmes et d'injures retentit à ses oreilles : « Chouans !
Brigands ! Restes de 93 ! criaient les soldats, il faut les
assommer tous ! Si tu ne dis rien, on te fusille. » Durant ce
vacarme, au milieu duquel se font entendre des cris de
mort contre le fidèle et héroïque père Guinhut, Cathelineau
n'y tient plus ; pour le sauver, il soulève la trappe de la
cachette et s'écrie : « Nous nous rendons. » Le lieutenant
Régnier saisit aussitôt le fusil d'un de ses soldats et tire
sur lui presque à bout portant. Cathelineau tombe mort (1).
Son corps ensanglanté fut déposé dans une charrette et
conduit à Cholet où, pendant la nuit, il resta exposé le
long du mur de la prison. Il fut enterré, le lendemain 28,
dans le cimetière de Saint-Pierre, d'où il fut exhumé le
5 octobre 1858 et transféré par les soins de son fils à Saint-
Florent-le-Vieil, pour y être réuni aux restes de son père,
dans une chapelle que donna alors à la communauté de
Saint-Charles d'Angers M. le comte Théodore de Quatre-
barbes.

Le fils de la victime de la *Chaperonnière*, le jeune Henri
de Cathelineau, se vit alors réduit à errer à travers champs
et bois, traqué sans cesse par les soldats du gouvernement. Un matin, abrité dans un champ de blé, il aperçut
seul et à sa portée le lieutenant homicide : dans un premier mouvement, il le mit en joue ; puis, abaissant
presque aussitôt son arme : « Au nom du bon Dieu, dit-il,
je te pardonne, assassin de mon père (2). »

---

(1) Récit de Louise Raimbault, domestique à la Chaperonnière.
(2) Témoignage d'un camarade de Henri Cathelineau.

Cet héroïque et saint jeune homme, devenu plus tard père d'une nombreuse famille, n'hésita pas à s'enrôler au service du Pape Pie IX et, plus tard, en 1870, à créer un corps de volontaires qui, sous sa conduite, se portèrent constamment en éclaireurs le plus près de l'ennemi. Grande fut la vaillance de ces soldats qui, avec les zouaves de Charette, ont si bien mérité de la Patrie. Les qualités guerrières de Henri, les éminents services qu'il rendit à l'armée pendant toute cette campagne furent tels que le Gouvernement de la République se crut obligé de lui décerner le titre de général. Depuis, il passa tranquillement le reste de ses jours au sein de sa famille et mourut pieusement le 20 novembre 1891, dans sa 79e année, au château de Squividan.

Ses enfants voulurent le faire inhumer dans l'église du Pin-en-Mauges. M. le préfet de Maine-et-Loire écouta favorablement leur demande. Il leur permit même, pour obtempérer à leur ardent désir, de transférer au Pin les restes du *saint de l'Anjou* et de son fils, qui reposaient à Saint-Florent. La communauté de Saint-Charles voulut bien céder dans cette circonstance une partie de leurs ossements. Une magnifique cérémonie funèbre, organisée par M. le Curé, réunit autour des cercueils des trois Cathelineau toute la paroisse du Pin, le clergé de la contrée, la noblesse des environs et les représentants de la royauté.

Aujourd'hui, ces trois héros reposent enfermés dans un même caveau de l'église du Pin. Il faut que sur leurs restes s'élève un mausolée qui rappelle dignement leur souvenir : ce sera l'œuvre de leur famille et de tous les amis de la cause patriotique et sainte pour laquelle ils sont morts.

Angers, imp. Germain et G. Grassin. — 246-93.